Basteln mit Filz

Basteln mit Filz

Inhalt

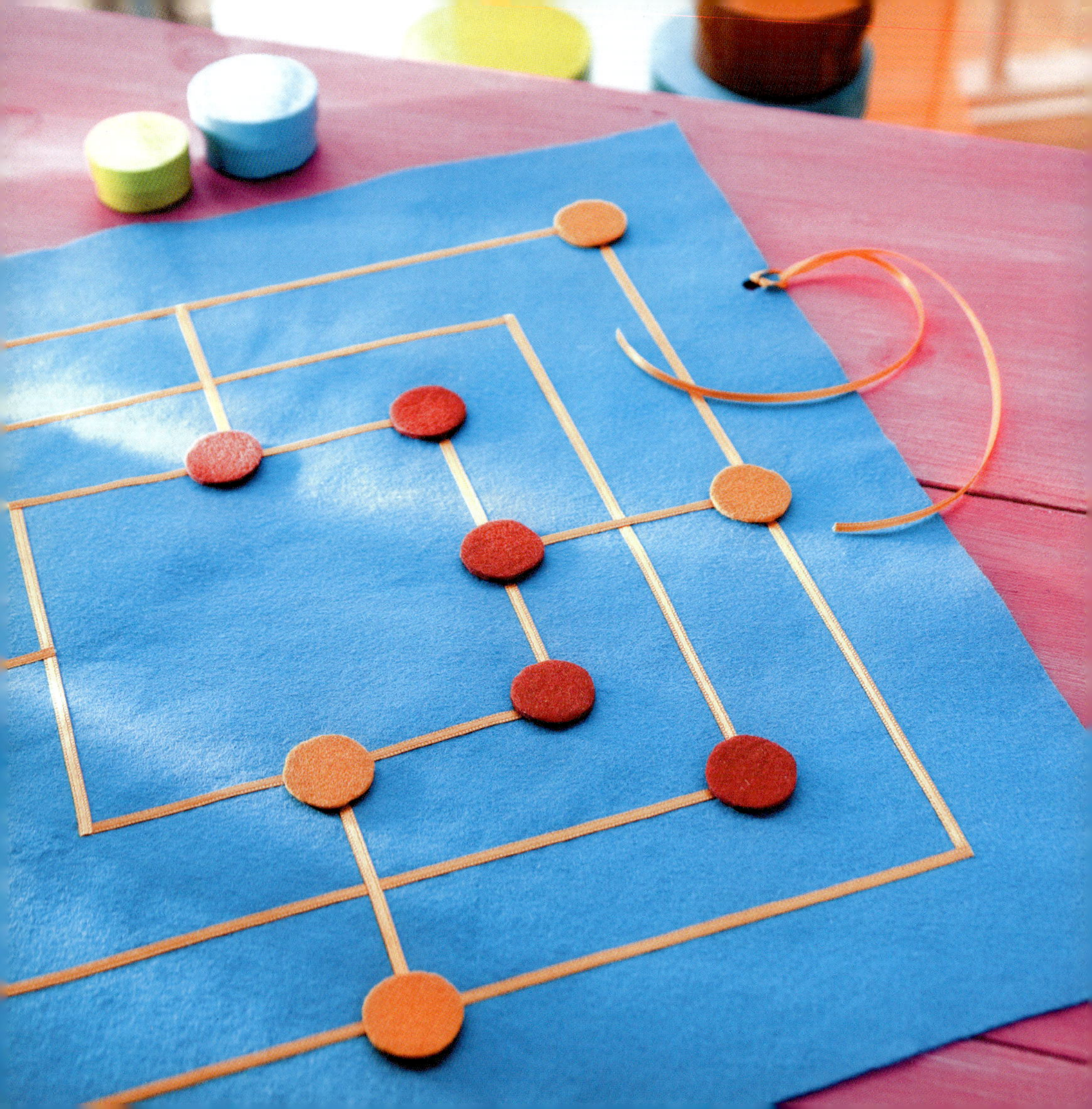

Material

Bastelfilz in Türkis

Formfilz in Orange, Dunkelrot

Satinband in Orange, 3 mm breit, ca. 3 m lang

50 Cent-Stück, Bleistift

Lineal, Schere, Textilkleber, Locher

Bist du auch so viel unterwegs wie wir? Dann kommt ja dieses Reisespiel gerade recht. Es ist leicht, klein und praktisch. Die Steine lassen sich ebenfalls problemlos mit einrollen. Und selbst auf der längsten Zugfahrt kommt keine Langeweile mehr auf, versprochen.

1. Auf den türkisfarbenen Bastelfilz zeichnest du zuerst ein Quadrat von 40 x 40 cm auf und schneidest dieses sorgfältig aus.

2. Anschließend malst du mit Bleistift und Lineal das Spielfeld auf: Ausgehend vom äußeren Rand malst du in einem Abstand von 5 cm ein Quadrat mit einer Seitenlänge von 30 cm auf, in dieses Quadrat zeichnest du in einem Abstand von 4,5 cm ein weiteres Quadrat mit der Seitenlänge von 21 cm. Das innerste und kleinste Quadrat mit einer Seitenlänge von 12 cm zeichnest du ebenfalls mit einem Abstand von 4,5 cm ein.

3. Für die Mittelstege jeweils eine Linie aufzeichnen, welche die Quadrate in den Mittelpunkten verbindet.

4. Das aufgezeichnete Spielfeld kannst du mit entsprechend zugeschnittenen Satinbändern bekleben.

5. Jetzt sind die Spielsteine an der Reihe – mit einem 50-Cent-Stück als Schablone geht das ganz schnell: Male jeweils 18 Kreise auf orangefarbenem bzw. rotem Formfilz vor und schneide diese aus. Dann klebst du jeweils zwei Kreise einer Farbe aufeinander, so werden die Spielsteine stabiler.

6. Um das Spiel zu einer praktischen Reiserolle zusammenpacken zu können, legst du die rechte Seite des Spielfelds bündig auf die linke Seite. So hast du es »halbiert«. Dann stanzt du in die Unterkante der oberen Filzlage mittig ein Loch, durch das du eine Satinbandschlaufe ziehst.

7. Jetzt noch das Spielfeld zusammenrollen und mit dem Bändchen verschließen!

Alter:
ab 6 Jahren

Material

Bastelfilz in Rot, Orange, Hellgrün, Türkis

Stoffreste in Rot-Weiß kariert, Orange-Weiß kariert, Hellblau-Weiß gestreift

Rayonbast in Orange, Rot, Hellblau

Lackmalstifte in Orange, Hautfarbe, Rosa, Hellblau

Wäscheknöpfe, Sticknadel

Textilkleber, Alleskleber

Reis, Lineal, Schere

Zackenschere, Bleistift

Je nach (deiner) Laune zeigen wir, die Strubbelmonster, uns von der heiteren oder grimmigen Seite. Das heißt, du kannst uns drehen und wenden, wie du willst!

1. Zunächst werden die dreieckigen Monsterkörper gefertigt: Hierfür

schneidest du für die schlankeren Figuren jeweils drei Rechtecke von 12 x 7 cm zu. Die Bodenplatte bildet ein Dreieck, dessen Kanten alle die Länge 7 cm haben. Das grüne Monster hat eine Seitenlänge von 11 x 8 cm, die dazugehörige dreieckige Bodenplatte hat ein Seitenmaß von 8 cm.

2. Aus diesen Zuschnitten klebst du dreieckige, oben offene »Filzvasen« zusammen, die du nach dem Trocknen zu etwa zwei Dritteln mit Reis füllst. Danach klebst du die obere Öffnung einfach zusammen.
Die Körper deiner Knuddelmonster sind nun fertig.

3. Als Augen bemalst du alte Wäscheknöpfe mit Lackmalstiften.

»Strubbelmonster«

Augenbrauen, Nase und Münder schneidest du aus Stoff- oder Filzresten für alle Seiten zu. Und zum Schluss ziehst du mit der Nadel Bastfäden durch die obere Kante, die du erst einmal als Schlaufen stehen lässt. Anschließend kannst du sie aufschneiden und zu wilden Monsterhaaren verknoten – umso struppiger, desto besser ....

Alter: ab 6 Jahren

Material

Formfilz in Mittelblau, Orange, Hellgrün

Ausgediente schmale Trinkgläser, Olivengläser etc.

Malerkreppband

Gummibänder

Lineal

Schere

Bleistift

Recycling wird hier groß geschrieben: Ausgediente Gläser, ein paar Reste Formfilz – und fertig ist die peppige Blumenvase. Doch damit nicht genug. Hat sie ihren Zweck erfüllt, lassen sich die Filzstreifen ganz leicht wieder abnehmen. Und siehe da: Aus der Filzvase wird wieder ein normales Glas ...

Bunte Ringelvasen

1. Verwendest du beispielsweise leere Olivengläser, spülst du diese zunächst einmal gründlich aus.

2. Anschließend schneidest du etwa 1 cm breite Streifen aus Formfilz in verschiedenen Farben zu. Diese Streifen sollten ungefähr doppelt so lang wie die von dir verwendeten Gläser hoch sein.

3. Jetzt geht's an die Filzringel: Wenn du Formfilz in den Händen hältst, ist er erst einmal ganz hart. Das Besondere an diesem Material ist, dass es im feuchten Zustand weich wird und sich in alle möglichen Formen bringen lässt. Mit dem Trocknen wird der Formfilz wieder hart, behält aber seine neue Form bei. Dementsprechend feuchtest du

die zugeschnittenen Filzstreifen erst einmal an, indem du sie kurz unter den Wasserhahn hältst und anschließend gut abtropfen lässt.

4. Nun legst du jeweils zwei verschiedenfarbige Streifen um ein Glas und drückst sie fest an. Sind die Streifen etwas zu lang, schneidest du den Überstand einfach ab.

5. Damit die Filzstreifen während des Trocknens nicht verrutschen und somit ihre Form verändern, klebst du sie am besten mit etwas Malerkreppband fest oder fixierst sie am oberen Glasrand mit Gummibändern. Allerdings hinterlassen Gummibänder beim Trocknen manchmal sichtbare Rillen im Filz, sodass du ein wenig aufpassen musst, wo du sie anlegst.

6. Jetzt heißt es nur noch: Geduld, Geduld, Geduld! Denn Formfilz braucht etwa zwölf Stunden, bis er ganz getrocknet ist. Erst dann löst du die Kreppbandstreifen bzw. das Gummiband.

Alter: ab 5 Jahren

Tipps

Bevor du den Formfilz modellierst, solltest du darauf achten, dass er an allen Stellen gleichmäßig feucht ist, sonst kann er Bruchstellen bekommen.

Nach dem Befeuchten lässt du die Formfilzteile am besten einfach abtropfen und drückst sie vorsichtig aus. Denn wenn du sie auswringst, können sichtbare Spuren zurückbleiben.

Im feuchten Zustand färbt Formfilz manchmal ab. Deswegen solltest du die Arbeitsfläche mit etwas Plastikfolie schützen.

Material

Bastelfilz in Rot, Orange, Rosa, Hellgrün

4 halbe Wattekugeln, Ø 15 mm

2 Schaschlikspieße, Watte

Textilkleber, Nähgarn, Nähnadel

Stoffmalstift in Schwarz

Lineal, Schere

Transparentpapier, Bleistift

Achtung, hier kommen die unentschiedenen Schlangenschwestern! Ihre Spezialität ist es, sich hin und her zu winden, egal in welcher Situation …

1. Für jede dieser Schlangen schneidest du zwei schmale Streifen mit den Maßen 55 x 3 cm aus verschiedenfarbigem Bastelfilz zu. Arbeitest du mit den gängigen Bastelfilzplatten von 20 x 30 cm, kannst du einfach zwei Streifen einer Farbe aneinander kleben, um auf die notwendige Länge zu kommen.

2. Als Schlangenkörper falten wir eine »Hexentreppe«: Hierfür zwei verschiedenfarbige Streifen im rechten Winkel übereinander legen und festkleben. Danach den unteren Streifen über den oberen legen und festdrücken. Dies so lange weiterführen, bis die ganze Streifenlänge aufgebraucht ist.

3. Die Filzbänder festhalten, das Ende eines Schaschlikspießes einschieben und alles fest miteinander verkleben.

4. Jetzt kommt der Kopf an die Reihe: Zunächst überträgst du die Vorlage auf Bastelfilz, faltest sie einmal und klebst sie so an den Seiten zusammen, dass vorne der Mund offen bleibt.

5. Mit etwas Watte kannst du die Schlangenköpfe ganz einfach in Form bringen. Am schnellsten geht dies, wenn du einen Schaschlikspieß beim »Stopfen« zur Hilfe nimmst.

6. Als Augen klebst du zwei halbe Wattekugeln auf. Bunte Filzkreise mit aufgemalten schwarzen Pupillen sorgen für den typisch schrägen Schlangenblick. Und als Augenlider bringst du einfach zwei Halbkreise aus Filz an.

7. Doch was wäre eine Schlange ohne ihre gespaltene Zunge? Also schnell zwei Halbkreise aus roten Filz in den geöffneten Mund einkleben und eine Zunge anbringen. Giftgrün macht sich hier besonders gut!

8. Aus den bisher angefallenen Filzresten kannst du anschließend lustige Frisuren für deine Schlangen zuschneiden.

9. Für die vordere Aufhängung befestigst du mit einer Nähnadel einen Garnfaden von ca. 20 cm Länge am Kopf. Das andere Garnende wickelst du so lange um den Schaschlikspieß, bis der Schlangenkopf ca. 8 cm weit herunterhängt.

Alter: ab 5 Jahren

Tipps

Zum Füllen eignen sich Wattebäusche besser als Kosmetikwatte an einem Stück, da die Bäusche weniger Fusseln auf dem Filz hinterlassen. Kleine Kreise aus Bastelfilz für Augen etc. kannst du im Handumdrehen mit einem herkömmlichen Bürolocher ausstanzen.

Material

Bastelfilz in Weiß, Pink, Türkis, Maigrün, Orange, Flieder

Sticktwist Weiß, Pink, Türkis, Maigrün, Orange, Flieder

Haarspangenrohling, 6 cm lang

Klebepistole

Nähnadel

Schere

Diese bezaubernde Haarspange ist aus ein paar Filzröschen ganz schnell hergestellt.

1. Übertrage zuerst die Vorlagen für Blätter und Blüten von Seite 46 auf Bastelfilz und schneide sie aus.

2. Die Anzahl der zu fertigenden Röschen richtet sich nach der Breite der Haarspange. Pro Zentimeter rechnet man etwa ein Röschen. Aus den runden Filzscheiben entstehen die Blüten. Falte – wie in der Skizze auf Seite 46 angegeben – eine Scheibenhälfte so über die andere Hälfte, dass ein kleiner Rand überstehen bleibt. Rolle dann von der Seite beide Hälften zur Mitte zusammen und fixiere sie mit ein paar Nadelstichen.

3. Aus dieser länglichen Form entsteht das Blätterpaar. Dieses legst du um den unteren Blütenteil, die Enden werden über Kreuz gelegt und an die Blüte geheftet.

4. Sind alle Röschen fertig und mit Blättern versehen, werden sie mit der Klebepistole auf dem Haarspangenrohling fixiert.

Material

Bastelfilz in Hellbraun, Flieder, Hellblau, Gelb, Maigrün

Sticktwist in Hellbraun, Flieder, Hellblau, Gelb, Maigrün, Pink

Satinband Orange-kariert, ca. 5 mm breit

Füllwatte

Nähnadel

Schere

Dieses Osterhasenpaar ist im Osterstrauß oder auf ein Geschenk gebunden ein dekoratives Anhängsel.

1. Übertrage die Vorlagen auf Seite 27 2-fach auf Bastelfilz in verschiedenen Farben. Du kannst dich dabei nach dem Foto richten. Schneide alle Filzteile doppelt aus. Lediglich die Taschenapplikation wird 1-fach ausgeschnitten.

2. Zuerst fertigst du den Hasenkörper. Beide Figurenteile werden exakt übereinander gelegt und mit Sticktwist schmal am Rand im Steppstich zusammengenäht. Zwischendurch musst du die Näharbeit immer wieder zum Ausstopfen der Figur mit Füllwatte unterbrechen. Dabei kann ein Bleistift o.Ä. hilfreich sein.

3. Dann nähst du die Kleidung mit farblich abgestimmtem Sticktwist an den Seiten zusammen. Auf der Vorderseite wird jeweils die Tasche appliziert. Anschließend ziehst du die Kleidung über den Hasenkörper. Auf der Schulter werden die Träger überlappend zusammengenäht. Augen, Nase und Mund stickst du mit

ein paar Stichen in den entsprechenden Farben auf. Die Fadenenden ziehst du einfach kreuz und quer nach innen zwischen die Füllwatte.

4. Zum Schluss befestigst du als Aufhängung mit ein paar Nadelstichen ein schmales, kariertes Satinband zwischen den Ohren.

Tipps

Wenn du die Vorlagen mit dem Kopierer vergrößerst, kannst du die Hasen als Kuscheltiere nähen.

Vergrößere die Vorlagen auf 200%.

Material

Bastelfilz in Orange, Gelb, Pink, Rot, Lila

Sticktwist in Pink

2 Holzperlen in Pink

Nähnadel

Schere

Bei diesem fröhlich bunten Fisch ist erst auf den zweiten Blick zu erkennen, dass er eine Brille verbirgt. Das weiche Schuppentier eignet sich auch ganz hervorragend als Geschenk.

1. Schneide den orangefarbenen Filz in der Form des Fischkörpers 2-mal nach der Vorlage auf Seite 31 aus. Das Fischmaul wird aus dem gleichen Filz noch einmal separat in 2-facher Ausfertigung ausgeschnitten. Die sechs Schuppenreihen schneidest du in unterschiedlichen Farben ebenfalls 2-mal aus.

2. Jetzt nähst du die Schuppen auf den beiden Fischhälften gegengleich mit pinkfarbenem Sticktwist fest. Beginne dabei mit der Schuppenreihe direkt am Schwanz. Die Steppnaht verläuft parallel zur geraden Kante der Schuppenreihe. Die nächste Schuppenreihe wird so platziert, dass sie die Naht der vorangegangenen Reihe gerade eben verdeckt. Am Rand passt du mit der Schere die Schuppenreihen der Form des Fisches an. Sie sollten etwa 0,5 cm Abstand zum Rand des orangefarbenen Filzes haben.

3. Jetzt nähst du das Fischmaulteil mit pinkfarbenem Sticktwist jeweils von der Rückseite an die Körperform des Fisches an. Verwende dazu den kleinen Steppstich. Die parallel zu den Schuppen verlaufende Linie wird jedoch nicht festgenäht.

4. Schließlich legst du beide Fischformen exakt übereinander und nähst diese nah am Rand, ebenfalls mit kleinen Steppstichen, rundum zusammen. Lediglich das Fischmaul bleibt vorn offen. Hier wird später die Brille eingeschoben. Nähe auch den Schwanz, verdeckt unter der letzten Schuppenreihe, zu. Andernfalls könnte die Brille zu tief in das Etui rutschen.

5. Zum Schluss nähst du noch zwei pinkfarbene Holzperlen als Augen auf.

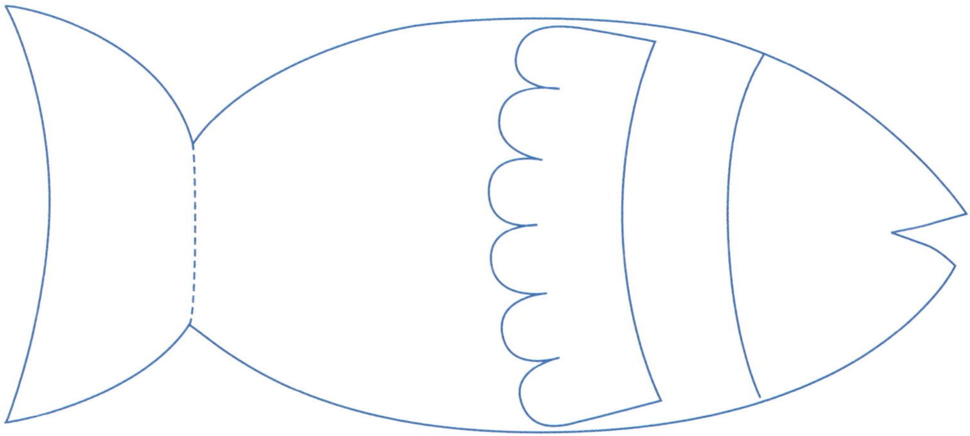

Vergrößere die Vorlage auf 200%.

Material

Jutestoff blau

Kissen oder Füllwatte

Maßband, Schneiderkreide

Stoffschere

Nähgarn blau, Nähnadel

Wollreste in Türkis, Maigrün, Hellgrau

Sticknadel

Transparentpapier, Bleistift

Kohlepapier, Fotokarton

Bastelschere

Filz in Gelb, Orange, Hellblau, Lila, Flieder, Maigrün

Bestickter Kissenbezug

So ein farbenfrohes Kissen ist ein schöner Blickfang in eurem Zimmer und eignet sich auch prima als Geschenk!

1. Zuerst schneidet ihr den Stoff zweifach zurecht. Wird ein fertiges Kissen als Füllung benutzt, wird der Stoff in der entsprechenden Größe und Form zugeschnitten. Soll der Bezug mit Füllwatte ausgestopft werden, könnt ihr die Größe selbst wählen. Ein gutes Maß ist 30 x 30 cm, dazu kommen jeweils ca. 2 cm Nahtzugabe. Legt die zwei Stoffstücke aufeinander und näht sie entlang dem Rand so zusammen, dass an einer Stelle noch eine ausreichend große Öffnung zum Füllen bleibt.

2. Dann wird der Bezug gewendet. Ein Erwachsener sollte euch helfen, den Stoff mit dem Bügeleisen zu dämpfen, sodass er ganz glatt liegt.

3. Jetzt schneidet ihr Wollfäden zum Besticken zurecht. Das benötigte Längenmaß für die Fäden erhaltet ihr, wenn ihr zur Länge einer Kissenseite 15 cm addiert. Die Fäden werden mit der Sticknadel im Heftstich parallel zu einer Seitenkante nacheinander durch die Kissenvorderseite gezogen, wobei die Farbe immer wieder gewechselt wird. Sind die Wollfäden sehr dünn, können auch zwei Fäden auf einmal durchgezogen werden. Die Fadenenden werden jeweils an den Rändern verknotet.

4. Das Kissen wird so bestickt, dass zwei freie Streifen verbleiben. Übertragt nun die Blütenvorlagen zuerst auf Fotokarton und schneidet die Formen aus. Danach werden die Motive mithilfe der Schablonen auf den Filz übertragen. Schneidet die Formen aus und näht sie, jeweils eine kleine Blüte auf einer großen, innerhalb der verbliebenen Streifen mit zwei Stichen auf den Kissenbezug.

5. Die Fadenenden werden dann in der Mitte der Blüte verknotet. Zum Schluss füllt ihr den Bezug und näht die verbliebene Öffnung mit kleinen Schlingenstichen zu.

Alter: ab 8-10Jahre

Diese Vorlage musst du nicht vergrößern.

Material

- Holzbleistift
- Holzkugel mit Halblochbohrung (Ø ca. 3,5 cm)
- Alleskleber
- Wollreste braun
- Bastelschere
- Transparentpapier
- Bleistift
- Kohlepapier
- Fotokarton
- Bastelfilz in Blau, Lila, Maigrün
- Filzreste in verschiedenen Farben
- Locher
- Nähnadel
- Nähgarn
- Zackenschere
- Filz- oder Buntstifte in verschiedenen Farben

Bleistift mit Köpfchen

Wer gerade schreiben lernt, freut sich bestimmt über so einen flotten Zauberer-Bleistift. Und wer weiß, vielleicht gelingt das Schreiben dann ja sogar wie von Zauberhand?

1. Beim Besorgen der Bastelmaterialien solltet ihr darauf achten, dass das Loch in der Holzkugel auf das Bleistiftende passt.

2. Steckt die Kugel auf den Bleistift. Wenn sie etwas locker sitzt, macht das nichts. Ein Tupfer Klebstoff sorgt für zusätzlichen Halt. Dann werden die Haare aus Wollresten zugeschnitten und oben auf dem Kugelkopf festgeklebt.

3. Nun übertragt ihr die Vorlage für den Spitzhut auf Seite 38 auf

Fotokarton und schneidet sie aus. Danach wird sie mithilfe der Schablone auf den Filz übertragen. Schneidet die Grundform aus, formt sie zu einer Tüte und klebt sie an der markierten Stelle zusammen.

4. Danach werden einige kleine Streifen aus Filzresten zugeschnitten und mit zwei Stichen an die Hutspitze genäht. Die Punkte locht ihr am besten mit einem Bürolocher aus dem Filz und klebt sie vorn auf den Hutschaft.

5. Die Halskrause wird aus einem 15 x 5 cm und einem 15 x 4 cm großen Rechteck gearbeitet. Beide Rechtecke schneidet ihr mit der Zackenschere aus Filz zu und legt sie an einer Längsseite bündig aufeinander. Mit Nadel und Faden wird entlang diesem Rand im Heftstich genäht. Die beiden Filzlagen werden in Falten gerafft und unterhalb der Holzkugel um den Bleistift gelegt. Die Fadenenden verknoten.

6. Zum Schluss malt ihr mit Farbstiften ein fröhliches Gesicht auf die Kugel.

Alter: ab 6-8 Jahre

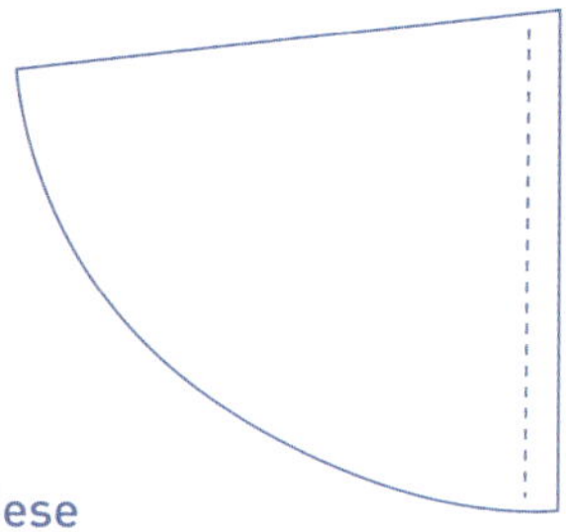

Vergrößere diese Vorlage auf 200%.

Bleistift mit Köpfchen

Material

Pappe/Fotokarton
Bleistift
Kohlepapier
Bastelfilz verschiedenfarbig
Filzstift schwarz
Schere
Locher
Bastelleim
Pinsel
Papiertüten braun
doppelseitiges Klebeband

In der Advents- und Weihnachtszeit möchtest du sicher manch liebem Menschen eine Freude bereiten. In diesen hübschen Taschen lässt sich die Gabe nicht nur trefflich transportieren, sondern auch verschenken.

1. Übertrage die Vorlagen auf den Seiten 44 und 45 mit Kohlepapier auf

Bildhafte Adventstaschen

Fotokarton und stelle daraus Schablonen her. Lege nun die Schablonen auf den verschiedenfarbigen Filz und umfahre die Kontur der Formen mit schwarzem Filzstift. Schneide die Motive aus. Die Filzkreise für die Knöpfe kannst du mit dem Locher ausstanzen.

2. Für den Hintergrund der Figuren schneidest du der Größe der Papiertüte gemäß rechteckige Filzplatten zu. Stimme die Farben der Filzplatten auf die Farben der Figuren ab.

3. Dann bestreichst du die Rückseiten der einzelnen Teile der Figuren dünn und gleichmäßig mit Bastelleim.

4. Nun setzt du aus den einzelnen Teilen die Figuren auf den Filzrechtecken zusammen. Am besten orientierst du dich an der Abbildung.

5. Bringe nun die Knöpfe, Sterne und die anderen Accessoires mit Bastelleim auf den Figuren auf. Diese kannst du nach Belieben selbst gestalten, je nachdem, ob der Engel langes oder kurzes Haar, der Nikolaus einen langen oder kurzen Bart und der Schneemann eine lange oder kurze Nase haben soll.

6. Das Ganze mindestens 1 Stunde trocknen lassen. Dann klebst du die mit Motiven gestalteten Filzplatten mit doppelseitigem Klebeband auf die Papiertüten. Nun denn: Lass dir was einfallen, womit du die Tüten füllen kannst!

Alter: ab 3-5 Jahre

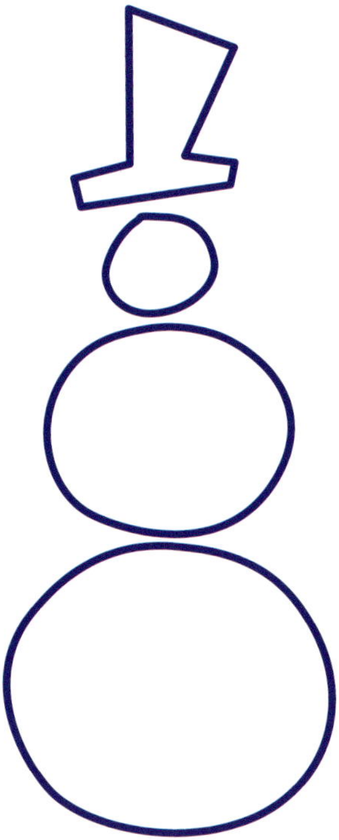

Adventstaschen

Seite 40

Vergrößere diese Vorlagen auf 200%.

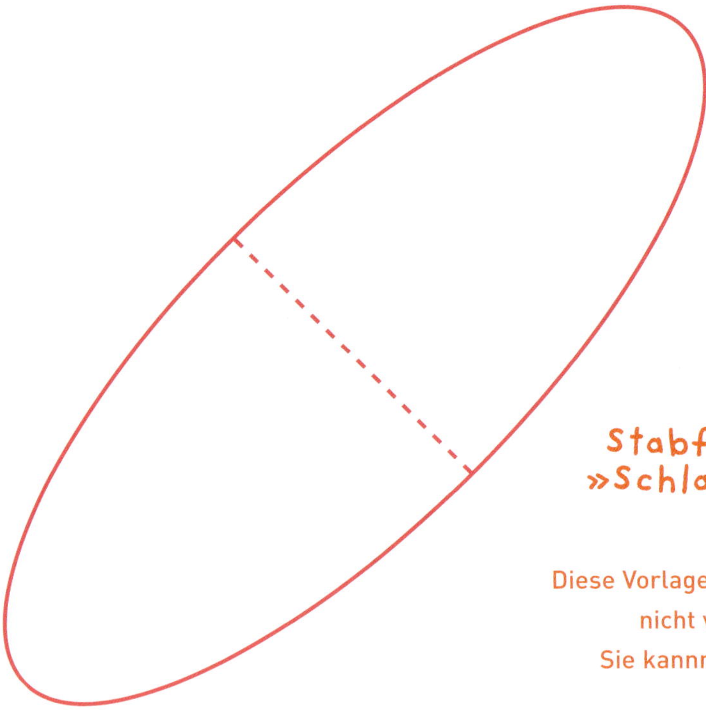

Stabfiguren »Schlangen«

Seite 18

Diese Vorlagen musst du nicht vergrößern. Sie kann so bleiben wie sie ist.

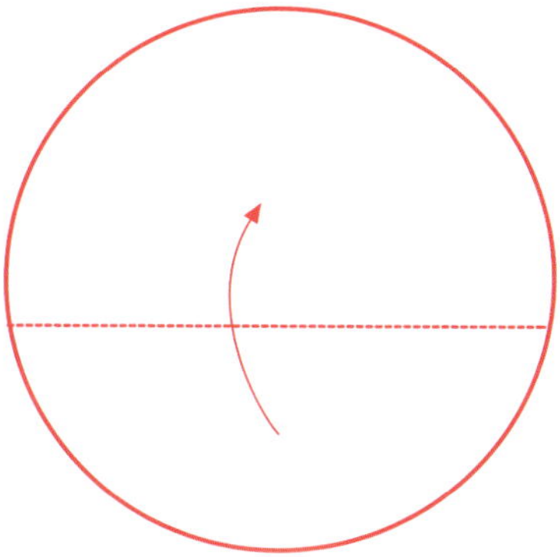

Haarspange

Seite 22

Diese Vorlagen musst du nicht vergrößern.
Sie können so bleiben wie sie sind.

Impressum

Autorinnen:
Claudia Andreani
Susanne Helmold
Susanne Nöllgen
Sabine Uhl-Fischer

Fotografien:
Uli Staiger
Sabine Münch
Markus Hertrich

Bibliografische Information der Deutschen Bibliothek

Die Deutsche Bibliothek verzeichnet diese Publikation in der Deutschen Nationalbibliografie; detaillierte bibliografische Daten sind im Internet über http://dnb.ddb.de abrufbar.

Urania Verlag
in der
Verlagsgruppe Dornier GmbH
Postfach 80 06 69,
70506 Stuttgart

www.urania-verlag.de
www.verlagsgruppe-dornier.de

Umschlaggestaltung:
Behrend & Buchholz, Hamburg
Lektorat: Gabriele Betz,
Tübingen

Layout und Satz:
Atelier Seidel – Verlagsgrafik,
Neuötting

Printed in Germany

ISBN 3-332-01822-1
ISBN 978-3-332-01822-6